EXPEDITION NATUR

# RÄTSELN, STICKERN, BESTIMMEN

## BLUMEN

**Texte:** Sandra Lebrun

**Illustrationen:** Mary Gribouille

# Gebrauchsanleitung

Klebe den Sticker ein, sobald du die Blume in echt gesehen hast!

Und schreibe dazu, wann und wo genau du sie gesehen hast.

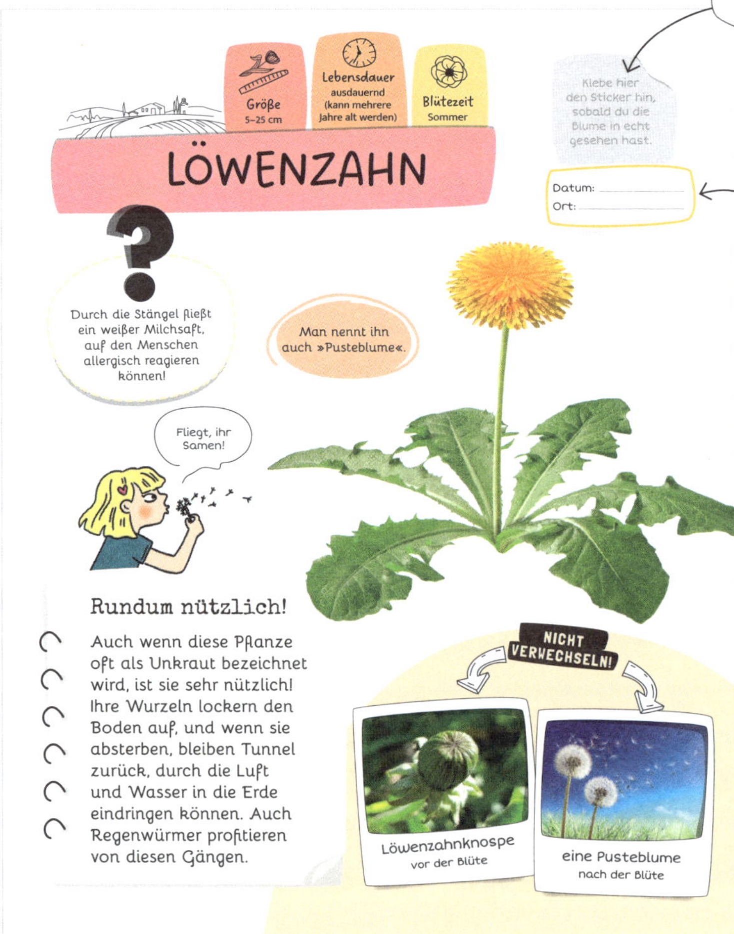

# Inhalt

## AUF DER WIESE



## STRÄUCHER, HECKEN UND LIANEN



## IM WALD



## IM GARTEN UND AUF DEM BALKON

Größe
10–20 cm

Lebensdauer
ausdauernd
(kann mehrere Jahre alt werden)

Blütezeit
ab Winterende

# GÄNSEBLÜMCHEN

Klebe hier den Sticker hin, sobald du die Blume in echt gesehen hast.

Datum: ..................

Ort: ..................

Im Englischen heißt das Gänseblümchen *daisy*!

Bestäuberinsekten landen gerne auf dem gelben Herz der Blüte, um Blütenstaub zu sammeln. Die Blütenblätter sind weiß bis rosa.

## Schlafende Schönheit

Nachts klappt das Gänseblümchen seine Blüten zu, als würde es sich schlafen legen. Das geschieht auch, wenn es regnet.

NICHT VERWECHSELN!

Margerite

20–80 cm hoher Stängel, über 4 cm große Blüten

Römische Kamille

mehrere Blüten pro Stängel

schmale, mehrfach gefiederte Blätter

**Größe**
5–25 cm

**Lebensdauer**
ausdauernd (kann mehrere Jahre alt werden)

**Blütezeit**
Sommer

# LÖWENZAHN

Klebe hier den Sticker hin, sobald du die Blume in echt gesehen hast.

Datum: ..............................

Ort: ..............................

Durch die Stängel fließt ein weißer Milchsaft, auf den Menschen allergisch reagieren können!

Man nennt ihn auch »Pusteblume«.

## Rundum nützlich!

Auch wenn diese Pflanze oft als Unkraut bezeichnet wird, ist sie sehr nützlich! Ihre Wurzeln lockern den Boden auf, und wenn sie absterben, bleiben Tunnel zurück, durch die Luft und Wasser in die Erde eindringen können. Auch Regenwürmer profitieren von diesen Gängen.

**NICHT VERWECHSELN!**

Löwenzahnknospe
vor der Blüte

eine Pusteblume
nach der Blüte

**Größe**
20–30 cm

**Lebensdauer**
ausdauernd (kann mehrere Jahre alt werden)

**Blütezeit**
Mai bis September

# HAHNENFUSS

Klebe hier den Sticker hin, sobald du die Blume in echt gesehen hast.

Datum: ……………………

Ort: ……………………

Der Hahnenfuß hat fünf rundliche Blütenblätter.

## Hübsches »Unkraut«

Die Pflanze mit den leuchtend gelben Blüten ist sehr gut darin, sich zu vermehren. Sie bildet unterirdische Ausläufer, Stolonen genannt, und kann sich damit schnell auf einer großen Fläche ausbreiten. Dadurch wird es sehr schwierig, sie herauszureißen!

Der »Hahnenfuß« heißt so, weil die Form seiner Laubblätter an einen Vogelfuß erinnert. Viele nennen ihn auch »Butterblume«.

**NICHT VERWECHSELN!**

Johanniskraut

lange Staubblätter im Herzen der Blüte

Scharbockskraut

längere, schmalere und mehrere Blütenblätter

| Größe | Lebensdauer | Blütezeit |
| --- | --- | --- |
| 20 cm bis 1 m | ausdauernd (kann mehrere Jahre alt werden) | April bis August |

# KLATSCHMOHN

Klebe hier den Sticker hin, sobald du die Blume in echt gesehen hast.

Datum: ..................

Ort: ..................

Die leuchtend roten Blüten sind nicht zu übersehen, blühen aber nur kurz: Nach zwei bis drei Tagen ist es mit der Pracht vorbei!

Der dünne Stängel ist von Haaren bedeckt.

Eine Mohnkapsel kann bis zu 50.000 Samen enthalten!

## Rasselnde Kapselfrüchte

Nachdem Insekten die Blüte befruchtet haben, fallen die Blütenblätter ab. Der Fruchtknoten im Innern der Blüte verdickt sich und wächst zu einer Kapsel mit Tausenden von winzigen Samen heran. Sobald die Kapselfrucht reif ist, rasselt sie, wenn der Wind sie bewegt und ihre Samen verteilt.

**NICHT VERWECHSELN!**

Kapseln des Klatschmohns

kleiner und länglich

Schlafmohnkapseln

dicker und rundlich

# VERGISS-MEINNICHT

**Größe**
15–45 cm

**Lebensdauer**
ausdauernd (kann mehrere Jahre alt werden)

**Blütezeit**
April bis Oktober

Klebe hier den Sticker hin, sobald du die Blume in echt gesehen hast.

Datum: ..........................................

Ort: ..........................................

Die zarten, kleinen Blüten sind nur 2–5 mm groß!

Die Stängel und Laubblätter sind von kurzen Haaren bedeckt. Der lateinische Name, *Myosotis*, bedeutet »Mäuseohr« und bezieht sich auf die rundliche Form der Blätter.

## Zweijährig bis ausdauernd

Das Wald-Vergissmeinnicht ist eine zweijährige Pflanze. Im ersten Jahr wachsen nur die Laubblätter. Erst im zweiten Jahr werden Blüten ausgebildet. Danach stirbt die Pflanze ab, und aus ihren Samen sprießen im nächsten Jahr neue Pflanzen.

**NICHT VERWECHSELN!**

Endivie

lange, schmale Blütenblätter

Borretsch

sternförmige Blüten

Größe
20–50 cm

Lebensdauer
ausdauernd

Blütezeit
das ganze Jahr
(je nach Sorte)

# HEIDEKRAUT

Klebe hier den Sticker hin, sobald du die Blume in echt gesehen hast.

Datum: ..............................

Ort: ..............................

Die Pflanze heißt auch »Besenheide«, weil aus ihren harten, widerstandsfähigen Stängeln früher Besen hergestellt wurden.

Die Blüten der Wildpflanzen sind rosa bis violett.

## Futter für Weidetiere

Schafe und Ziegen freuen sich, wenn sie Besenheide auf ihren Weideflächen finden, vor allem im Winter: Wenn die übrige Vegetation unter einer Schneedecke verschwunden ist, bleibt ihnen immer noch das Heidekraut! Auch einige Vögel ernähren sich von den jungen Trieben und den Samen dieser Pflanze.

Der Pflanze wurden Zauberkräfte nachgesagt!

NICHT VERWECHSELN!

Heidekraut

Blüten entlang der Stängel

Lavendel

# Rätsel

## Auf der Wiese

**1** **Marion pustet die Samen der Pusteblume in die Luft. Wie viele sind es?**

**2** **Trage den Namen jeder Blume in das Gitter ein. Die grau unterlegten Buchstaben ergeben in geänderter Reihenfolge das Lösungswort.**

4 JOHANNISKRAUT
5 LÖWENZAHN
3 KAMILLE
1 ENDIVIE
2 MARGERITE

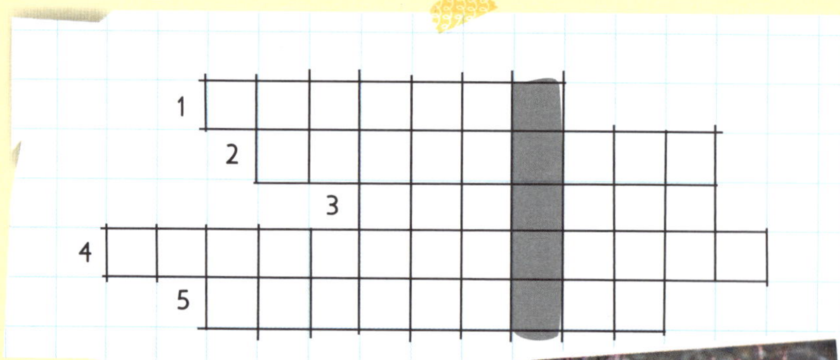



**Ein anderer Name für Heidekraut:**

**3** Verbinde die Punkte von 1 bis 80. Welche Blume ist das?

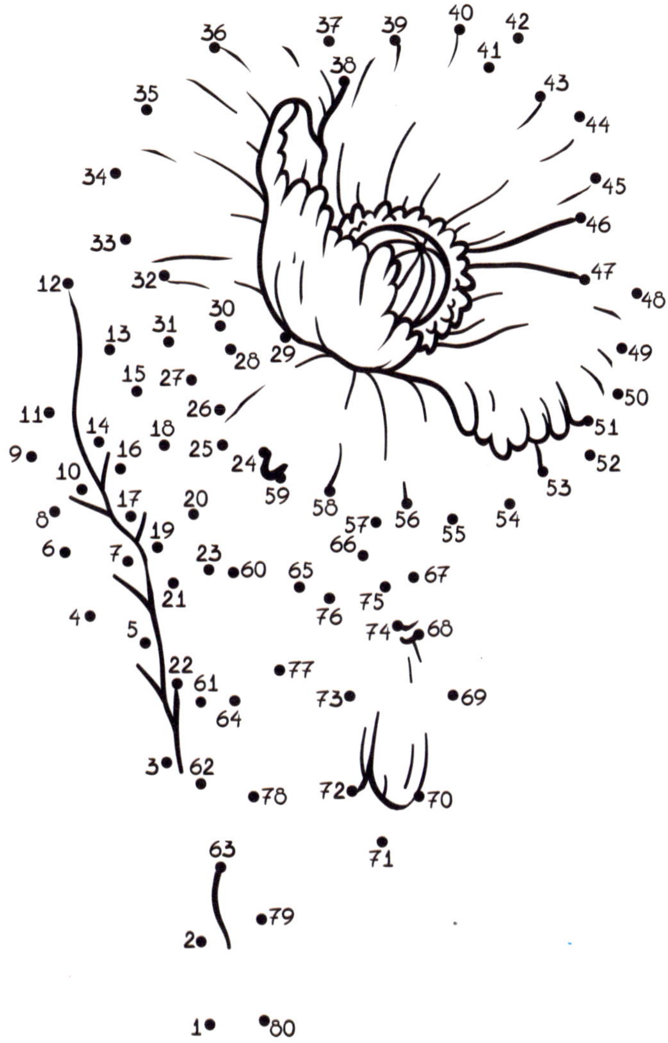

Das ist ____________.

# Rätsel

**4** Löse das Bilderrätsel, um den Namen der Blume zu entdecken, die das Mädchen hinter seinem Rücken versteckt.

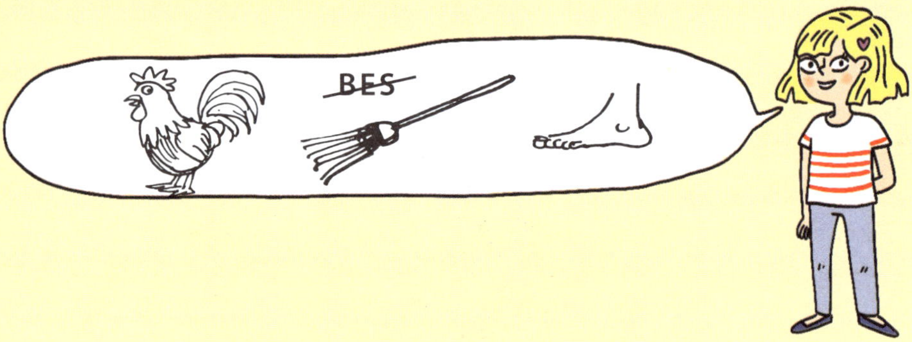


**5** In der richtigen Reihenfolge ergeben die Buchstaben den lateinischen Namen des Vergissmeinnichts.

# DER ZYKLUS DER SONNENBLUME

Blumen pflanzen sich auf unterschiedliche Weise fort. Bei der Sonnenblume sind die Samen die letzte Phase eines Zyklus, aber auch die erste Phase im Leben einer neuen Sonnenblume !

Die Knospen wenden sich immer der Sonne zu. Sobald die Blüte geöffnet ist, tut sie das nicht mehr.

1

Sonnenblumenkerne

2

Die Schale öffnet sich, der Samen keimt.

3

Ein junger Spross kommt aus der Erde.

4

Die ersten Blätter wachsen, nun ist es ein Setzling.

5

Die Jungpflanze bildet eine Knospe.

6

Wenn die Blüte sich öffnet, ist die Sonnenblume erwachsen!

Die Blüte bringt neue Samenkörner hervor. Wenn sie verwelkt ist, fallen Samen auf die Erde und können dort keimen. Manchmal trägt der Wind die reifen Samen davon, und manchmal werden die Samen auch von Tieren verbreitet.

| Größe | Lebensdauer | Blütezeit |
| --- | --- | --- |
| 10–20 cm | ausdauernd (treibt jedes Jahr wieder aus) | April bis Juni |

# MAIGLÖCKCHEN

Klebe hier den Sticker hin, sobald du die Blume in echt gesehen hast.

Datum: ..........................................

Ort: ..........................................

Wenn in einem Wald Maiglöckchen wachsen, ist das ein gutes Zeichen. Als »Bioindikator« weist ihr Vorkommen darauf hin, dass dieser Wald naturbelassen ist und schon lange besteht.

## Glücksbringer?

Am 1. Mai, dem Tag der Arbeit, schenkt man sich traditionell einen Maiglöckchenstrauß als Glücksbringer. Ein seltsames Geschenk, wenn man weiß, dass alle Teile dieser Pflanze hochgradig giftig sind!

Jeder Stängel wird im unteren Teil von zwei Blättern eingehüllt.

Es pflanzt sich am Waldboden über sein Rhizom (unterirdisches Sprossachsensystem) fort.

**NICHT VERWECHSELN!**

Langblättriges Waldvöglein

mehrere Blätter am Stängel

Bärlauch

doldenartige Blüten am Ende des Stängels

Größe
10 cm

Lebensdauer
ausdauernd (treibt jedes Jahr wieder aus)

Blütezeit
Februar bis Mai

# VEILCHEN

Klebe hier den Sticker hin, sobald du die Blume in echt gesehen hast.

Datum: ..........................

Ort: ..........................

Du erkennst Veilchen an ihren Blütenblättern: Zwei zeigen nach oben, drei nach unten!

## Duftende Leckerei

Veilchen werden zur Parfümherstellung verwendet. Man kann auch Sirup mit ihnen aromatisieren und mit den kandierten Blüten sogar Torten und Gebäck garnieren. Dazu taucht man die Blüten in Zuckersirup und lässt sie trocknen. Eine köstliche Nascherei!

**NICHT VERWECHSELN!**

Immergrün

Fünf kreisförmig angeordnete Blütenblätter

Stiefmütterchen

Größe
20–40 cm

Lebensdauer
ausdauernd (treibt jedes Jahr wieder aus)

Blütezeit
April bis Mai

# HASEN-GLÖCKCHEN

Klebe hier den Sticker hin, sobald du die Blume in echt gesehen hast.

Datum: ............................

Ort: ............................

Jedes Jahr aufs Neue treibt das Hasenglöckchen aus einer etwa walnussgroßen Zwiebel aus.

Im Frühjahr bedecken sie den Waldboden wie ein großer blauer Teppich.

## Nicht gefährdet, aber geschützt

Das Hasenglöckchen zählt in Deutschland zu den besonders geschützten Arten. Am besten pflückst du es nicht, sondern lässt es wachsen und erfreust dich an seinem Duft.

**NICHT VERWECHSELN!**

Hasenglöckchen

geneigter Stängel

Traubenhyazinthe

gerader Stängel

**Größe**
20–40 cm

**Lebensdauer**
ausdauernd (treibt jedes Jahr wieder aus)

**Blütezeit**
März bis Mai

# OSTERGLOCKE

Klebe hier den Sticker hin, sobald du die Blume in echt gesehen hast.

Datum: ..............................

Ort: ..............................

Jeder Stiel der Osterglocke trägt nur eine einzige gelbe Blüte, die einen Durchmesser von 5 cm hat! Aus ihren Stängeln wachsen keine Laubblätter.

Die Laubblätter sind flach und am Ende abgerundet.

Die Jonquille hingegen hat mehrere Blüten pro Stängel!

## Jonquille oder Narzisse?

Ihren Namen verdankt die Osterglocke (eigentlich eine Gelbe Narzisse) ihrer Blüte zur Osterzeit. Ihre spanische Cousine, die Jonquille, hat ebenfalls gelbe, aber kleinere und mehrere Blüten pro Stängel.

**NICHT VERWECHSELN!**

Osterglocke

gelbe Blütenblätter

Weiße Narzisse

weiße Blütenblätter

Größe
10–20 cm

Lebensdauer
ausdauernd (treibt jedes Jahr wieder aus)

Blütezeit
März bis April

Klebe hier den Sticker hin, sobald du die Blume in echt gesehen hast.

Datum: ..................

Ort: ..................

# BUSCHWIND-RÖSCHEN

Die Blüte hat einen Durchmesser von 3 bis 5 cm.

Es blüht schon ab März! So bekommt es viel Sonnenlicht ab, bevor die Bäume wieder belaubt sind und den Waldboden in Schatten hüllen.

## Stets der Sonne zugewandt!

Abends und bei schlechtem Wetter schließen sich die Blüten, um ihre Pollen zu schützen. Beim ersten Sonnenstrahl öffnen sie sich und folgen dem Lauf der Sonne, um möglichst viel Licht zu bekommen.

**NICHT VERWECHSELN!**

Buschwindröschen
kurze Stängel
(ca. 15 cm)

Waldanemone
lange Stängel
(bis zu 50 cm)

Größe
10–30 cm

Lebensdauer
ausdauernd (treibt jedes Jahr wieder aus)

Blütezeit
April bis Juni

# SCHLÜSSELBLUME

Klebe hier den Sticker hin, sobald du die Blume in echt gesehen hast.

Datum: ....................

Ort: ....................

Ihre Blüten stehen wie Schlüssel an einem Schlüsselbund zusammen – daher der Name.

Die Schlüsselblume hat dottergelbe Blüten, die stark duften. Sie zählt zur Familie der Primelgewächse und wird manchmal auch Primel genannt.

Primeln gibt es in allen möglichen Farben.

## Ein Schlüsselbund mit vielen Schlüsseln!

Die Schlüsselblume ist leicht zu erkennen: Die Laubblätter wachsen unten am Stängel, während die Blüten sich am oberen Ende befinden. Die fünf gelben Blütenblätter haben jeweils einen orangefarbenen Fleck an ihrer Basis. Die Anzahl der Blüten pro Stängel schwankt, aber es können bis zu 30 sein!

NICHT VERWECHSELN!

Schlüsselblume
kleine Blüten, langer Stängel (30 cm)

Gartenprimel
größere Blüten, kurzer Stängel (10 cm)

Rätsel

# Im Wald

**1** **Hier lernst du Schritt für Schritt, eine Osterglocke zu zeichnen. Male deine fertige Zeichnung bunt aus!**

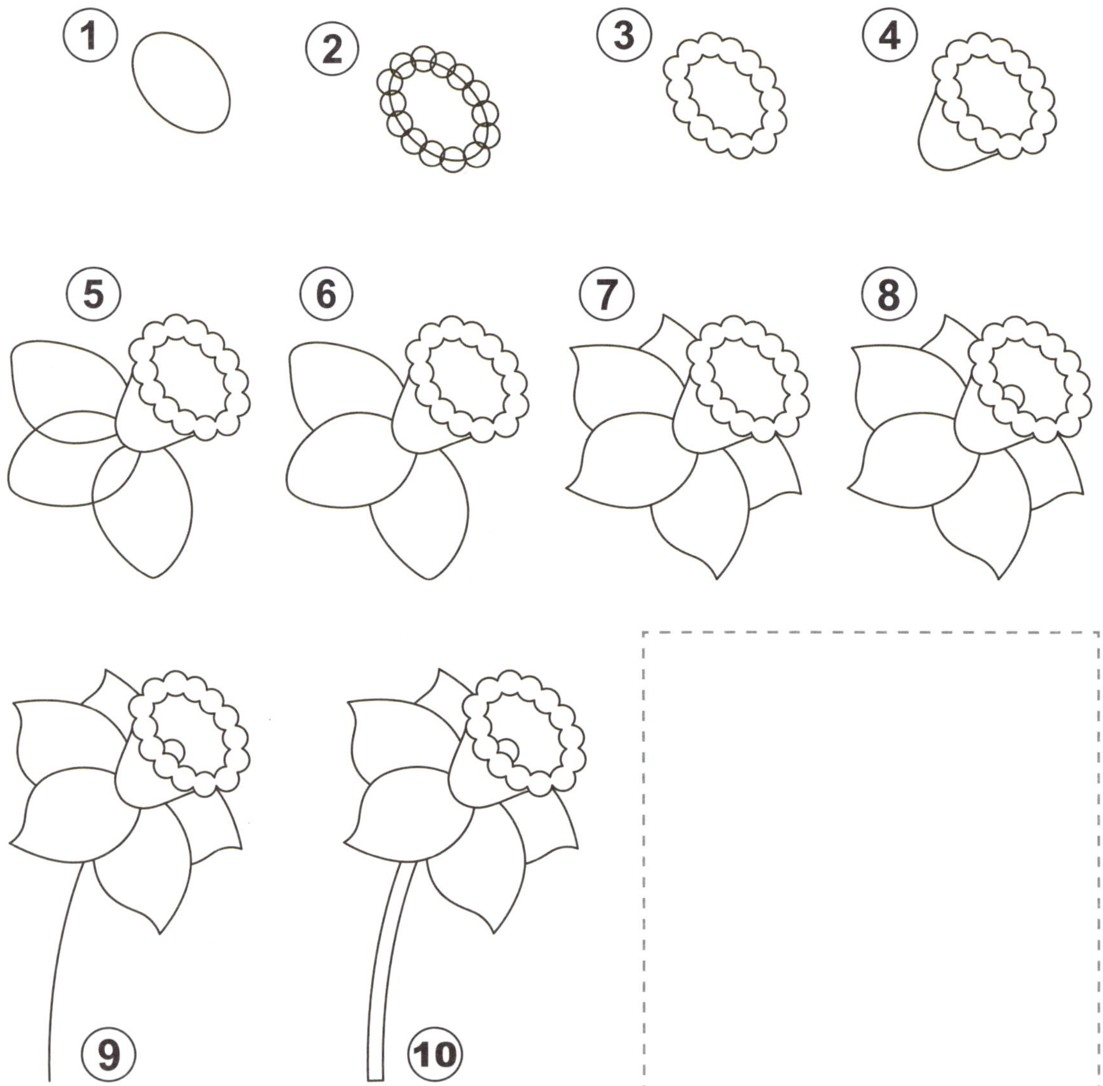

**2** Der ganze Waldboden ist voller Maiglöckchen!
Finde die Pflanze, die nicht doppelt vorkommt.

**3** Finde den Weg durchs Labyrinth zu den Veilchen!

## Rätsel

**4** Vervollständige das Sudoku mit deinen Stickern! In jeder Zeile, Spalte und Vierergruppe darf jede Farbe nur einmal vorkommen.

**5** Löse alle vier Rätsel. Alle Teile zusammen ergeben eine Blume.

Teil 1 ist eine Himmelsrichtung.

Teil 2 ist das männliche Personalpronomen.

Teil 3 ist der 7. Buchstabe des Alphabets.

Teil 4 ist eine gewellte oder gekringelte Haarsträhne.

Alle zusammen ergeben eine:

Einige Blumen verströmen einen angenehmen Duft, andere riechen überhaupt nicht gut. Und manche Pflanzen sind zart und sanft, andere hingegen ... kratzbürstig! Hier zeigen wir dir ein paar Pflanzen, die du nur mit größter Vorsicht anfassen solltest.

**Brombeeren**

Brombeeren sind lecker, aber ihre Ranken haben meist viele Stacheln, an denen man sich böse stechen kann!

# Vorsicht, das sticht!

**Brennnessel**

Die Stängel und die gezähnten Blätter sind mit Brennhaaren bedeckt! Wenn du sie berührst, fühlt es sich zuerst an, als hättest du dich verbrannt, und es bilden sich Quaddeln, die auch jucken können. Zum Glück beruhigt sich die Haut bald wieder!

**Stechpalme**

Die Zweige mit den roten Früchten werden gerne als Weihnachtsdekoration verwendet, aber Vorsicht vor den Dornzähnen der Blätter!

**Distel**

Disteln sind von Kopf bis Fuß mit Dornen bedeckt, bei manchen Arten sogar die Blätter! Esel stört das nicht: Sie fressen Disteln gerne. Die Dornen machen ihnen nichts aus.

# Ein Blumenkranz aus Gänseblümchen

**Du brauchst:**
15–20
Gänseblümchen

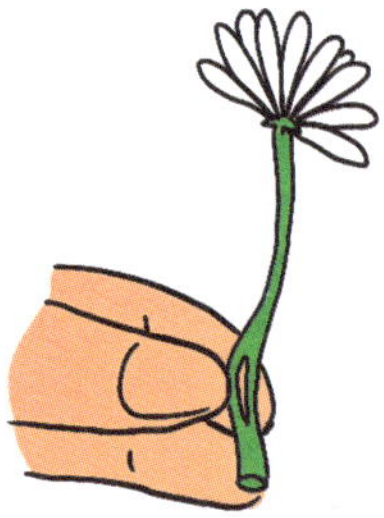

1. Nimm das Gänseblümchen mit der kleinsten Blüte. Bohre mit dem Daumennagel einen kleinen Schlitz in den Stängel.

2. Fädele den Stiel einer anderen Blume durch das Loch, als würdest du einen Faden durchs Nadelöhr führen.

3. Ziehe Stiel 2 bis zur Blüte durch und bohre dann hier ein Loch hinein.

4. Mache das mit allen Gänseblümchen auf diese Weise. Um den Blumenkranz zu schließen, fädelst du die erste Blüte durch den Schlitz im letzten Stängel. Daher ist es wichtig, mit der kleinsten Blüte anzufangen.

Rätsel 5 Seite 12

| T | MY | SO | IS | O |
|---|---|---|---|---|

Rätsel 4 Seite 22

Rätsel 1 Seite 32

Rätsel 3 Seite 33

Rätsel 1 Seite 42

# Linsen zum Keimen bringen

**Du brauchst:**

- ein Glasgefäß (damit du siehst, wie die Linsen keimen)
- Watte
- Wasser
- Licht
- ein paar Tage Geduld ...

**Um zu verstehen, wie der Samen einer Pflanze keimt, kannst du Linsensprossen ziehen. Es ist nicht schwer und dauert nicht lang. Ein Tipp: Weiche die Linsen am Vorabend in Wasser ein. Sie keimen dann noch schneller!**

**1.** Lege die Watte auf den Boden des Glases.

**2.** Lege die Linsen auf die Watte.

**3.** Gieße etwas Wasser auf die Linsen, nur so viel, dass die Watte feucht ist.

**4.** Stelle das Glas ans Fenster, damit die Linsen Sonnenlicht bekommen. Prüfe täglich, ob die Watte noch schön feucht ist.

**5.** Schon nach wenigen Tagen beginnen die Linsen zu keimen!

Größe
1–5 m

Lebensdauer
ausdauernd

Blütezeit
Mai bis Juli

# HUNDSROSE

Klebe hier den Sticker hin, sobald du die Blume in echt gesehen hast.

Datum: ..........................

Ort: ..........................

Die Hundsrose ist ein wild wachsender Rosenstrauch mit einfachen Blüten aus fünf Blütenblättern. Kulturrosen haben Blüten mit sehr viel mehr Blütenblättern.

Achtung! Hundsrosen haben sehr spitze, gebogene Stacheln!

## Verborgene Früchte!

Die Hagebutte ist eine Sammelfrucht, d.h., die eigentlichen Früchte sind die vielen Kerne (»Nüsschen«) in ihrem Innern. Ihr Fruchtfleisch ist reich an Vitamin C und kann zu Marmelade verarbeitet werden. Die Nüsschen sind von Haaren bedeckt und können starken Juckreiz auslösen!

NICHT VERWECHSELN!

Hundsrose
rosa Blüten

Hagebutten
Früchte der Hundsrose

Größe
1–9 m

Lebensdauer
ausdauernd

Blütezeit
Juni bis September

# JASMIN

Klebe hier den Sticker hin, sobald du die Blume in echt gesehen hast.

Datum: ..............................

Ort: ..............................

Mit einer Rankhilfe kann der Jasminstrauch viele Meter in die Höhe wachsen. Seine Stängel winden sich um das Gerüst und bilden einen Busch aus blühenden Lianen.

Jasmin ist ein kletternder Strauch!

## Süßer Duft

Seine Blüten verströmen einen intensiven Duft, den man schon von Weitem riecht. Sie dienen der Parfümherstellung, und manche Sorten werden auch zum Aromatisieren von Tee verwendet!

**NICHT VERWECHSELN!**

Jasmin

kleine, sternförmige Blüten

Heckenkirsche

längliche, röhrenförmige Blüten

Größe
1–10 m

Lebensdauer
ausdauernd

Blütezeit
Juli bis Oktober

# TROMPETENBLUME

Klebe hier den Sticker hin, sobald du die Blume in echt gesehen hast.

Datum: ..............................

Ort: ..............................

Die Trompetenblume ist eine Kletterpflanze, die sich mit kleinen Haftwurzeln am Untergrund festhält.

Ursprünglich stammen Klettertrompeten aus China und Japan.

## Blüten ohne Duft

Kaum zu glauben, aber diese Blüte riecht nach gar nichts! Bei Ameisen ist sie trotzdem sehr beliebt, da sie sich an ihrem süßen Nektar laben. Das wiederum gefällt den Blattläusen, die oft in großer Zahl an den Spitzen der jungen Trompetenblumentriebe zu finden sind.

**NICHT VERWECHSELN!**

Trompetenblume

ovale Laubblätter

Kapuzinerkresse

runde Laubblätter

| Größe | Lebensdauer | Blütezeit |
|---|---|---|
| 1–10 m | ausdauernd | Mai bis Juli |

# BLAUREGEN

Klebe hier den Sticker hin, sobald du die Blume in echt gesehen hast.

Datum: ..................

Ort: ..................

Die Blüten der Glyzinie wachsen in großen, langen Trauben.

## Eine erstaunliche Pflanze!

Um in die Höhe wachsen zu können, wickeln sich die Ranken des Blauregens (auch Wisteria oder Glyzinie genannt) um ihr Stützgerüst, und zwar immer im Uhrzeigersinn! Die Blütentrauben, die am Ende der Ranken wachsen, können bis zu 50 cm lang werden!

Glyzinien zählen zur Familie der Schmetterlingsblütler, und ihre Blüten sehen tatsächlich wie kleine Schmetterlinge aus!

NICHT VERWECHSELN!

Flieder
traubenartige Blütenrispen, die nach oben zeigen

Schmetterlingsflieder
winzige Blüten, die in der Mitte orange sind

Größe
bis zu 25 m

Lebensdauer
ausdauernd

Blütezeit
Juni bis August

# GEWÖHNLICHE WALDREBE

Klebe hier den Sticker hin, sobald du die Blume in echt gesehen hast.

Datum: ..........

Ort: ..........

## Federweiche Früchte

Die Früchte der Waldrebe haben ein sehr charakteristisches Aussehen: Sie sind von feinen Härchen bedeckt und flauschig wie Federn. Im Winter sehen die Ranken wie Girlanden mit weißen Bommeln aus! Nach und nach trägt der Wind die Samen fort.

Nicht nur Bienen und Hummeln laben sich an den Blüten der Waldrebe (auch Klematis genannt), sie sind auch bei einigen Schmetterlingen beliebt!

**NICHT VERWECHSELN!**

blühende Waldrebe
kleine weiße Blüten

blühender Efeu
kleine, gelbe kugelige Blütenstände

| Größe | Lebensdauer | Blütezeit |
| --- | --- | --- |
| bis zu 5 m | ausdauernd | Mai bis September |

# ZAUNWINDE

Klebe hier den Sticker hin, sobald du die Blume in echt gesehen hast.

Datum: ..................

Ort: ..................

Normalerweise öffnen sich Blüten erst, wenn die Sonne scheint, aber den Blüten der Zaunwinde genügt helles Tageslicht!

Die Blüte hat die Form eines Kelches und besteht aus fünf Blütenblättern.

## Überlebenskünstlerin!

So hübsch die Zaunwinde aussieht, wenn sie einen Zaun emporrankt – in der Landwirtschaft ist sie nicht beliebt. Sie wickelt sich um Getreidestängel und Weinreben, und man wird sie nur schwer wieder los. Ihre winzigen Samen sind sogar nach 40 Jahren im Boden noch keimfähig!

**NICHT VERWECHSELN!**

Zaunwinde
kletternd, größere Blüten

Ackerwinde
kriechend bis kletternd, kleinere Blüten

# Rätsel

## Sträucher, Hecken und Lianen

**1** **Klebe den passenden Sticker zu den beschriebenen Blüten.**

Meine Blüten wachsen an einem wilden Rosenstrauch.

Hier den passenden Sticker aufkleben.

**Ich bin eine**

Meine Blüten wachsen in großen Trauben.

Hier den passenden Sticker aufkleben.

**Ich bin eine**

Meine Blüten sehen aus wie kleine Trompeten.

Hier den passenden Sticker aufkleben.

**Ich bin eine**

**2** **Streiche alle Kästchen durch, die du für die Blumen auf der Liste brauchst. Die übrigen 3 Silben bezeichnen die unten abgebildete Pflanze.**

- JASMIN
- ZAUNWINDE
- GLYZINIE

| | | | |
|---|---|---|---|
| ZI | NIE | WIN | GLY |
| ZA | UN | JAS | TIS |
| DE | MA | KLE | MIN |

Das ist eine .

**3** **Vervollständige mit deinen Stickern dieses Foto und finde heraus, wer auf der Jasminblüte sitzt!**

## Rätsel

**4** Ein Reh knabbert genüsslich an einem Heckenrosenstrauch. Finde 5 Unterschiede!

# Bestäubung

Blumen können nicht umherwandern, um sich mit anderen Blumen zu treffen. Zur Fortpflanzung benötigen sie daher den Wind oder Insekten, die von Blüte zu Blüte fliegen. Wenn diese Nektar sammeln, bleiben Pollen von artgleichen Nachbarblüten am Stempel kleben und befruchten die Samenanlage.

**1.** Das bestäubende Insekt sammelt Nektar und Pollen einer Blüte ein.

**2.** Das Insekt fliegt weiter zur nächsten Blüte.

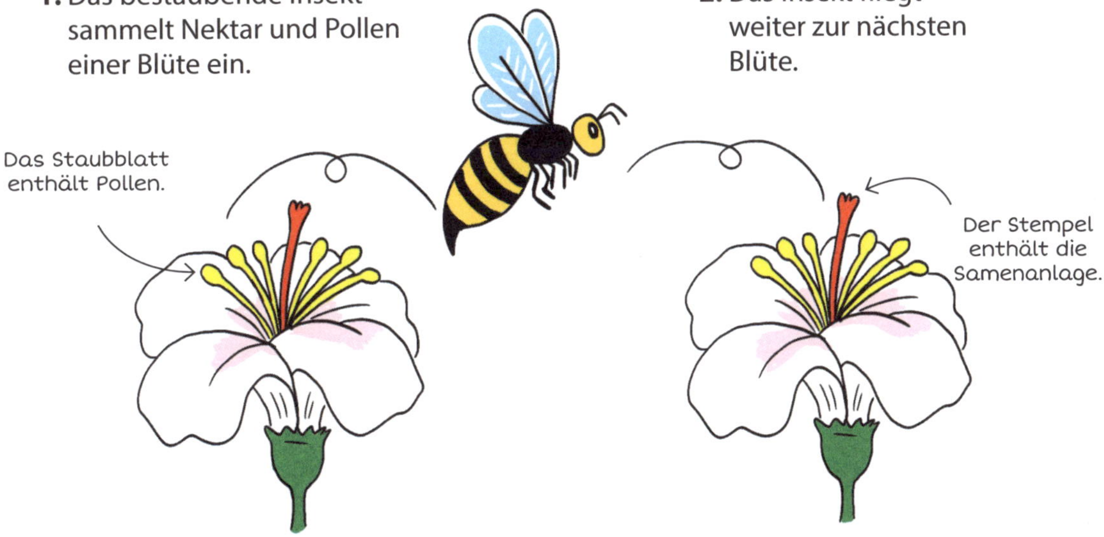


**3.** Das Insekt streift Pollen am Stempel ab. Aus dieser Befruchtung geht ein neuer Samen hervor!

**4.** Wenn der Samen zu Boden fällt, kann er keimen (siehe Seite 25) und eine neue Blüte hervorbringen!

**Größe**
20–60 cm
(je nach Sorte)

**Lebensdauer**
ausdauernd

**Blütezeit**
März bis Mai

# TULPE

Klebe hier den Sticker hin, sobald du die Blume in echt gesehen hast.

Datum: ..............................

Ort: ..............................

Die Tulpe zählt zu den Zwiebelblumen. Aus dieser Zwiebel treibt sie jedes Jahr neu aus und bildet einen unverzweigten Stängel.

Einige Tulpen werden bis zu 75 cm groß!

## In allen Farben!

Es gibt zahlreiche Tulpensorten, die sich in Blütenfarbe, Wuchshöhe und Blütenblattform zum Teil stark unterscheiden. Die Papageientulpe zum Beispiel, eine Zuchtform, fällt durch eingedrehte, wellige und stark gefranste Blütenblätter auf, die ihr ein extravagantes Aussehen verleihen.

Papageientulpe

**NICHT VERWECHSELN!**

Tulpe

eine Blume

Tulpenbaum

ein Baum

Größe
20 cm bis 1 m
(je nach Sorte)

Lebensdauer
ausdauernd

Blütezeit
April bis Juni

# SCHWERTLILIE

Klebe hier den Sticker hin, sobald du die Blume in echt gesehen hast.

Datum: ....................

Ort: ....................

Die Schwertlilie bildet ein unterirdisches Sprossachsensystem, das sogenannte Rhizom.

Diese Pflanze ist schon sehr alt! Die ersten Schwertlilien (auch Iris genannt) wuchsen in der Kreidezeit, also vor 80 Millionen Jahren!

## Königliche Blume

In der Wappenlehre kommt der Schwertilie eine besondere Bedeutung zu. In Frankreich ist die *Fleur-de-Lys* das Symbol des französischen Adelsgeschlechts der Bourbonen, das zahlreiche Könige hervorbrachte, darunter auch den »Sonnenkönig« Ludwig XIV.

NICHT VERWECHSELN!

Sumpf-Schwertlilie

gelbe Blüte

Lilie

große weiße Blüten

Größe
28 cm bis 1 m

Lebensdauer
ausdauernd

Blütezeit
Juli bis
November

# DAHLIE

Klebe hier den Sticker hin, sobald du die Blume in echt gesehen hast.

Datum: ……………………

Ort: ……………………

Es gibt viele verschiedene Dahlienarten. Einige können bis zu 2 m hoch werden!

Dahlien wachsen im Beet genauso gut wie im Blumentopf.

## In allen Formen

Die Blütenblätter können bei Dahlien je nach Sorte sehr unterschiedlich geformt und gefärbt sein. Die Kaktusdahlie hat sehr schmale, spitz zulaufende Blütenblätter, während die Blüten der Pompon-Dahlie tatsächlich wie ein dicker Bommel (frz. *pompon*) aussehen!

Pompon-Dahlie

**NICHT VERWECHSELN!**

Kaktusdahlie
blüht im Sommer

Chrysantheme
kleiner,
blüht im Herbst

Größe
8–15 cm

Lebensdauer
ausdauernd

Blütezeit
Februar bis April
(Frühlingsanfang)

# KROKUS

Klebe hier den Sticker hin, sobald du die Blume in echt gesehen hast.

Datum: ..........................

Ort: ..........................

Der Krokus hat zwei Feinde: Feldmaus und Wühlmaus! Sie fressen für ihr Leben gern die Zwiebeln, die in der Erde verborgen sind!

Krokusse erkennst du an ihren 3 Staubblättern im Innern der Blüte.

## Diese Blume ist Gold wert!

In der Küche schätzt man eine bestimmte Krokusart mehr als alle anderen: den *Crocus sativus*. Aus seinen orangeroten Griffeln wird Safran gewonnen. Dieses Gewürz ist sehr teuer, da 150.000 Blüten nötig sind, um 1 kg Safran zu erhalten!

**NICHT VERWECHSELN!**

Herbstzeitlose
6 Staubblätter (orange), wächst im Herbst

Schneeglöckchen
nickende Blüten, wächst im Winter

**Größe**
1–2 m (je nach Sorte sehr unterschiedlich)

**Lebensdauer**
ausdauernd

**Blütezeit**
Mai bis September (je nach Sorte)

Klebe hier den Sticker hin, sobald du die Blume in echt gesehen hast.

Datum: ..........................

Ort: ..........................

# ROSE

Rosen sind nicht immer rosa! Es gibt sie in vielen Farben: Gelb, Weiß, Blasslila, Rot, Orange – sogar in Blau!

## Die Blume der Stars!

Für ihre Schönheit und ihren Duft geliebt, zählt die Rose zu den am häufigsten kultivierten Pflanzen der Welt. Es gibt unzählige Arten und immer wieder neue Züchtungen. Jede neue Rose braucht einen Namen. Sie werden sogar nach berühmten Persönlichkeiten wie Pablo Picasso oder Marilyn Monroe benannt!

Achtung! Rosen haben meist viele spitze Stacheln!

**NICHT VERWECHSELN!**

**Kulturrose**
Stacheln, überlappende Blütenblätter

**Stockrose**
keine Stacheln, becherförmige Blüten

**Größe**
50 cm bis 2 m

**Lebensdauer**
ausdauernd

**Blütezeit**
Juni bis Oktober

# HORTENSIE

Klebe hier den Sticker hin, sobald du die Blume in echt gesehen hast.

Datum: ..............................

Ort: ..............................

Ihre üppigen Blütendolden können bis zu 20 cm dick werden! Die Hortensie ist ein beliebter Zierstrauch.

## Blüten, die die Farbe wechseln!

Hortensienblüten können ihre Farbe von Rosa zu Blau oder von Blau zu Rosa ändern. Das hängt davon ab, wie sauer der Boden ist, in dem die Pflanze wächst. Ist das Gießwasser sehr kalkhaltig, werden die Blüten rosa. Und wenn der Boden sauer ist, z. B. weil die Erde mit Schieferpulver bestreut wurde, verfärben sich die Blüten blau, wie durch Zauberei!

**NICHT VERWECHSELN!**

Gartenhortensie
große Blütendolden (10–25 cm)

Waldhortensie
kleinere, weiße Blütendolden (6–10 cm)

# Rätsel

# Im Garten und auf dem Balkon

**1** **Eine Tulpenzwiebel wird gepflanzt. Klebe die Sticker in der richtigen Reihenfolge auf, um die Tulpe wachsen zu sehen.**

**2** **Sieh dir jede Tulpenreihe genau an. Male die weißen Tulpen in der Farbe an, die zur Logik der Farbenfolge passt!**

**3** **Male jedes Feld in der angegebenen Farbe aus. Erkennst du die Blume?**

| 0 | 0 | 0 | 0 | 0 | 0 | 0 | 0 | 0 | 0 | 0 | 0 | 0 | 0 | 0 | 0 | 0 | 0 | 0 | 0 | 0 | 0 | 0 | 0 | 0 | 0 | 0 |
|---|---|---|---|---|---|---|---|---|---|---|---|---|---|---|---|---|---|---|---|---|---|---|---|---|---|---|
| 0 | 0 | 0 | 0 | 0 | 0 | 0 | 0 | 0 | 0 | 5 | 5 | 0 | 0 | 0 | 0 | 0 | 0 | 0 | 0 | 0 | 0 | 0 | 0 | 0 | 0 | 0 |
| 0 | 0 | 0 | 0 | 0 | 0 | 0 | 0 | 0 | 5 | 5 | 5 | 5 | 0 | 3 | 3 | 0 | 0 | 0 | 0 | 0 | 0 | 0 | 0 | 0 | 0 | 0 |
| 0 | 0 | 0 | 0 | 0 | 0 | 0 | 0 | 3 | 3 | 5 | 5 | 5 | 3 | 3 | 3 | 0 | 0 | 0 | 0 | 0 | 0 | 0 | 0 | 0 | 0 | 0 |
| 0 | 0 | 0 | 0 | 0 | 0 | 0 | 0 | 3 | 3 | 3 | 5 | 5 | 5 | 3 | 3 | 3 | 0 | 0 | 0 | 0 | 0 | 0 | 0 | 0 | 0 | 0 |
| 0 | 0 | 0 | 0 | 0 | 0 | 0 | 3 | 3 | 3 | 3 | 3 | 5 | 5 | 3 | 3 | 3 | 0 | 0 | 0 | 0 | 0 | 0 | 0 | 0 | 0 | 0 |
| 0 | 0 | 0 | 0 | 0 | 0 | 0 | 3 | 3 | 3 | 3 | 5 | 5 | 3 | 3 | 3 | 3 | 0 | 0 | 0 | 0 | 0 | 0 | 0 | 0 | 0 | 0 |
| 0 | 0 | 0 | 0 | 0 | 0 | 0 | 3 | 3 | 3 | 3 | 5 | 3 | 3 | 3 | 3 | 3 | 0 | 0 | 0 | 0 | 0 | 0 | 0 | 0 | 0 | 0 |
| 0 | 0 | 0 | 0 | 0 | 0 | 0 | 3 | 3 | 3 | 3 | 5 | 3 | 3 | 3 | 3 | 3 | 0 | 0 | 0 | 0 | 0 | 0 | 0 | 0 | 0 | 0 |
| 0 | 0 | 0 | 0 | 0 | 0 | 0 | 0 | 3 | 3 | 3 | 5 | 5 | 3 | 3 | 3 | 3 | 4 | 0 | 4 | 0 | 0 | 0 | 0 | 0 | 0 | 0 |
| 0 | 0 | 0 | 0 | 0 | 0 | 4 | 4 | 3 | 3 | 3 | 3 | 5 | 3 | 3 | 3 | 4 | 4 | 4 | 4 | 0 | 0 | 0 | 0 | 0 | 0 | 0 |
| 0 | 0 | 0 | 0 | 0 | 0 | 0 | 4 | 4 | 3 | 3 | 3 | 5 | 3 | 3 | 3 | 6 | 6 | 6 | 6 | 6 | 0 | 0 | 0 | 0 | 0 | 0 |
| 0 | 0 | 0 | 0 | 0 | 0 | 6 | 6 | 6 | 6 | 3 | 3 | 5 | 5 | 3 | 6 | 6 | 0 | 5 | 5 | 6 | 5 | 0 | 0 | 0 | 0 | 0 |
| 0 | 0 | 0 | 0 | 0 | 6 | 5 | 5 | 5 | 6 | 6 | 3 | 4 | 5 | 3 | 6 | 0 | 0 | 5 | 5 | 5 | 5 | 5 | 0 | 0 | 0 | 0 |
| 0 | 0 | 0 | 0 | 5 | 5 | 5 | 5 | 5 | 5 | 0 | 4 | 4 | 4 | 4 | 0 | 0 | 0 | 0 | 0 | 0 | 5 | 5 | 5 | 5 | 0 | 0 |
| 0 | 0 | 4 | 5 | 5 | 5 | 5 | 5 | 5 | 0 | 4 | 4 | 4 | 4 | 4 | 0 | 0 | 0 | 0 | 0 | 0 | 0 | 0 | 5 | 0 | 0 | 0 |
| 0 | 4 | 4 | 4 | 5 | 5 | 4 | 4 | 4 | 0 | 0 | 4 | 4 | 4 | 0 | 0 | 0 | 0 | 0 | 0 | 0 | 0 | 0 | 0 | 0 | 0 | 0 |
| 0 | 0 | 4 | 4 | 4 | 4 | 4 | 4 | 0 | 0 | 6 | 6 | 6 | 6 | 6 | 0 | 0 | 0 | 0 | 0 | 0 | 0 | 0 | 0 | 0 | 0 | 0 |
| 0 | 0 | 0 | 4 | 4 | 4 | 4 | 0 | 0 | 5 | 5 | 6 | 6 | 6 | 5 | 5 | 0 | 0 | 0 | 0 | 0 | 0 | 0 | 0 | 0 | 0 | 0 |
| 0 | 0 | 0 | 0 | 0 | 0 | 0 | 0 | 5 | 5 | 5 | 5 | 6 | 5 | 5 | 5 | 5 | 0 | 0 | 0 | 0 | 0 | 0 | 0 | 0 | 0 | 0 |
| 0 | 0 | 0 | 0 | 0 | 0 | 0 | 0 | 5 | 5 | 5 | 5 | 5 | 5 | 5 | 5 | 5 | 4 | 0 | 0 | 0 | 0 | 0 | 0 | 3 | 3 | 0 |
| 0 | 0 | 0 | 0 | 0 | 0 | 0 | 0 | 4 | 5 | 5 | 5 | 5 | 5 | 5 | 5 | 4 | 4 | 0 | 0 | 0 | 0 | 0 | 3 | 3 | 3 | 0 |
| 0 | 0 | 0 | 0 | 0 | 0 | 0 | 4 | 4 | 4 | 4 | 5 | 5 | 5 | 4 | 4 | 4 | 4 | 0 | 0 | 0 | 0 | 2 | 3 | 3 | 3 | 0 |
| 0 | 0 | 0 | 0 | 0 | 0 | 0 | 0 | 4 | 4 | 4 | 4 | 4 | 4 | 4 | 4 | 4 | 4 | 0 | 0 | 0 | 2 | 2 | 3 | 3 | 1 | 0 |
| 0 | 0 | 0 | 0 | 0 | 0 | 0 | 0 | 4 | 4 | 4 | 4 | 4 | 4 | 4 | 4 | 4 | 4 | 0 | 0 | 2 | 2 | 2 | 3 | 3 | 1 | 0 |
| 0 | 0 | 0 | 0 | 0 | 0 | 0 | 0 | 0 | 4 | 4 | 4 | 4 | 4 | 4 | 4 | 4 | 0 | 0 | 0 | 2 | 2 | 2 | 3 | 3 | 1 | 0 |
| 0 | 0 | 0 | 0 | 0 | 0 | 0 | 0 | 0 | 0 | 0 | 4 | 4 | 1 | 4 | 4 | 0 | 0 | 0 | 2 | 2 | 2 | 3 | 3 | 1 | 1 | 0 |
| 0 | 0 | 0 | 0 | 0 | 0 | 0 | 0 | 0 | 0 | 0 | 0 | 1 | 1 | 0 | 0 | 0 | 0 | 0 | 2 | 2 | 2 | 3 | 3 | 1 | 0 | 0 |
| 0 | 0 | 0 | 0 | 0 | 0 | 0 | 0 | 0 | 0 | 0 | 0 | 2 | 1 | 0 | 0 | 0 | 0 | 0 | 2 | 2 | 2 | 3 | 2 | 1 | 0 | 0 |
| 0 | 0 | 0 | 0 | 0 | 0 | 0 | 0 | 0 | 0 | 0 | 0 | 2 | 1 | 0 | 0 | 0 | 0 | 0 | 2 | 2 | 2 | 2 | 1 | 0 | 0 | 0 |
| 0 | 0 | 0 | 0 | 0 | 0 | 0 | 0 | 0 | 0 | 0 | 0 | 2 | 1 | 0 | 0 | 0 | 0 | 0 | 2 | 2 | 2 | 1 | 0 | 0 | 0 | 0 |
| 0 | 0 | 0 | 0 | 0 | 0 | 0 | 0 | 0 | 0 | 0 | 0 | 1 | 1 | 0 | 0 | 0 | 0 | 0 | 2 | 2 | 1 | 0 | 0 | 0 | 0 | 0 |
| 0 | 0 | 0 | 0 | 0 | 0 | 0 | 0 | 0 | 0 | 0 | 0 | 1 | 1 | 0 | 0 | 0 | 0 | 0 | 0 | 2 | 0 | 0 | 0 | 0 | 0 | 0 |
| 0 | 0 | 0 | 0 | 0 | 0 | 0 | 0 | 0 | 0 | 0 | 0 | 0 | 1 | 0 | 0 | 0 | 0 | 0 | 0 | 1 | 0 | 0 | 0 | 0 | 0 | 0 |
| 0 | 0 | 0 | 0 | 0 | 0 | 0 | 0 | 0 | 0 | 0 | 0 | 0 | 0 | 0 | 0 | 0 | 0 | 0 | 0 | 0 | 0 | 0 | 0 | 0 | 0 | 0 |

1 2 3 4 5 6

## Rätsel

**4** **Um diesen Satz zu verstehen, verschiebe jeden Buchstaben um eine Stelle im Alphabet.**

**5** **Dahlienblüten können verschiedene Formen haben. Verbinde jede Blüte mit ihrem Schatten!**

# Der richtige Umgang mit Blumen

Blumen sind so hübsch, dass man sie am liebsten pflücken möchte. Dieser Versuchung sollten wir aber widerstehen: Manche Pflanzen stehen unter Naturschutz und dürfen deshalb nicht gepflückt werden. Wir bewundern ihre Schönheit besser dort, wo sie wachsen und Insekten als Nahrung dienen!

**1**

Bleibe auf den Wegen, damit du keine Blumen zertrittst. So verhinderst du auch, dass du dich an Stacheln oder Dornen verletzt oder von Insekten gebissen wirst.

**2**

Betrachte die Blüten und fotografiere sie. Du wirst feststellen, dass Blumen unterschiedliche Insekten anlocken. Deine Fotos sind schöne Andenken, und Apps wie »Naturblick« helfen dir zu bestimmen, um welche Pflanze es sich handelt.

Wenn du Gänseblümchen findest, pflücke nur so viele, wie du für ein kleines hübsches Sträußchen, eine Kette oder ein Armband benötigst!

**3**

Schnuppere an der Blüte! Manche verströmen einen intensiven Duft, andere duften zart, wieder andere duften gar nicht! Achte darauf, die Insekten auf der Blüte nicht zu stören!

# Lösungen

## Auf der Wiese

**1** Es sind **38** Pusteblumensamen.

**2**

1 ENDIVIE
2 MARGERITE
3 KAMILLE
4 JOHANNISKRAUT
5 LÖWENZAHN

Ein anderes Wort für Heidekraut: **ERIKA**.

**3** Das ist **KLATSCHMOHN**.

**4** **HAHN – ~~B~~ESEN – FUSS = HAHNENFUSS.** Hahnenfuß blüht gelb und ist eine gute Futterpflanze für Bienen und Schmetterlinge.

**5**

Vergissmeinnicht heißt auf Lateinisch **MYOSOTIS**.

## Im Wald

**1**

**2**

**3**

**4**

**5** Osterglocke (Ost – er – G – Locke).

# Sträucher, Hecken und Lianen

**1**

Meine Blüten wachsen an einem wilden Rosenstrauch.

Ich bin eine Hundsrose.

Meine Blüten wachsen in großen Trauben.

Ich bin eine Glyzinie.

Meine Blüten sehen aus wie kleine Trompeten.

Ich bin eine Trompetenblume.

**2** Das ist eine **Klematis**.

**3**

**4**

# Im Garten und auf dem Balkon

**1**

**2**

**3**

Das ist eine **Schwertlilie**.

**4** Diese Rose ist fuer dich.

**5** 1c – 2j – 3f – 4a – 5g – 6i – 7d – 8b – 9h – 10e

Die Originalausgabe erschien 2022 im Französischen bei


21, rue du Montparnasse
75006 Paris, Frankreich

Titel der Originalausgabe: Je sais reconnaître les fleurs


1. Auflage 2024

moses. Verlag GmbH
Arnoldstraße 13d, 47906 Kempen
Fon: 02152-209850
Mail: info@moses-verlag.de
www.moses-verlag.de

ISBN: 978-3-96455-316-4

PEFC/14-38-00306



Text: Sandra Lebrun
Illustration: Mary Gribouille
Grafik: Anne-Danielle Naname
Projektleitung: Sophie Chanourdie
Redaktion: Laurence Lesbre
Herstellung: Rebecca Dubois

Übersetzung: Stefanie Kuballa-Cottone
Satz und Lektorat der deutschen Ausgabe:
Weiß-Freiburg – Grafik und Buchgestaltung
Covergestaltung: Melanie Dahmen
Redaktion der deutschen Ausgabe: Kendra Otte
Bilder: www.shutterstock.com; Adobe Stock: Anna (Heidekraut, S.10); timolina (Osterglocke, S.22)

Printed in Spain